mes grandes découvertes
GALLIMARD JEUNESSE

Chevaux et poneys

Édition originale publiée en Grande-Bretagne en 2013 par Dorling Kindersley Limited, sous le titre : Eyewonder : *Horses*

Responsable éditorial Thomas Dartige
Suivi éditorial Anne-Flore Durand
Réalisation de l'édition française
ML Éditions, Paris
Agence Juliette Blanchot, pour les pages d'activités
Traduction Christine Chareyre, Cléa Blanchard
Couverture Christine Régnier et Léa Pinard
Photogravure de couverture Scan+

ISBN : 978-2-07-065688-2

Loi n° 49-956 du 16 juillet 1949
sur les publications destinées à la jeunesse
Premier dépôt légal : février 2014
Dépôt légal : juillet 2016
Numéro d'édition : 305900

Imprimé par Hung Hing en Chine

Gallimard Jeunesse
5, rue Gaston Gallimard
75328 Paris Cedex 07
France

Sommaire

Qu'est-ce qu'un cheval ?

Un cheval est un mammifère dont les sens très développés le maintiennent constamment en alerte face au danger. Les chevaux présentent une grande variété de tailles et de couleurs, mais ils partagent beaucoup de traits communs.

Quel beau cheval !
Un cheval dont on dit qu'il a une « bonne conformation » a une ossature équilibrée, et les différentes parties de son corps sont bien proportionnées.

Le cheval actuel descend d'un équidé né il y a 60 millions d'années.

Presque comme le nôtre

Le squelette du cheval réunit 205 os. Comme tous les mammifères, il a une colonne vertébrale et sept vertèbres cervicales, mais pas de clavicule (caractéristique commune aux mammifères qui courent).

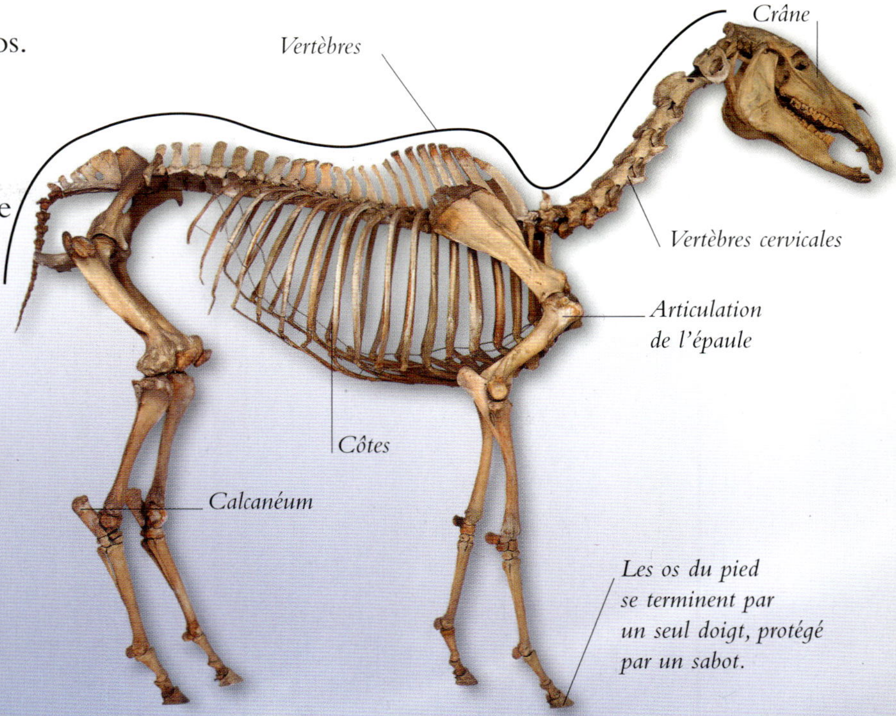

Combien de races ?

De l'akhal-teké au welsh cob, il existe plus de 250 races de chevaux dans le monde, regroupées en trois grandes catégories : les chevaux lourds, les légers et les poneys.

Histoires de dents

Les chevaux, animaux herbivores, broutent environ 20 heures par jour. Leurs dents sont donc conçues pour mordre, couper et broyer les végétaux. Les dents de lait du poulain cèdent la place à 40 dents chez le cheval adulte.

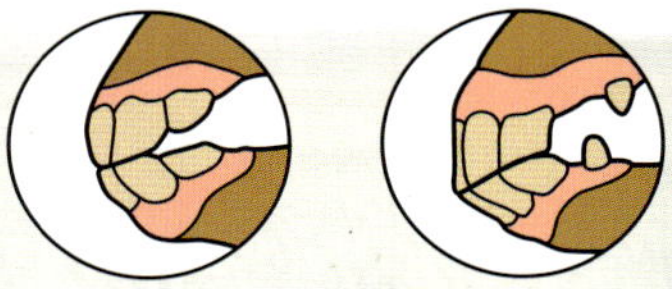

Tous uniques

Alezan, pie, gris pommelé, liste, balzane… Les chevaux se différencient par la couleur de leur robe et par la taille. Chacun de nous a sa couleur favorite, mais elle ne détermine pas les capacités ni le tempérament du cheval.

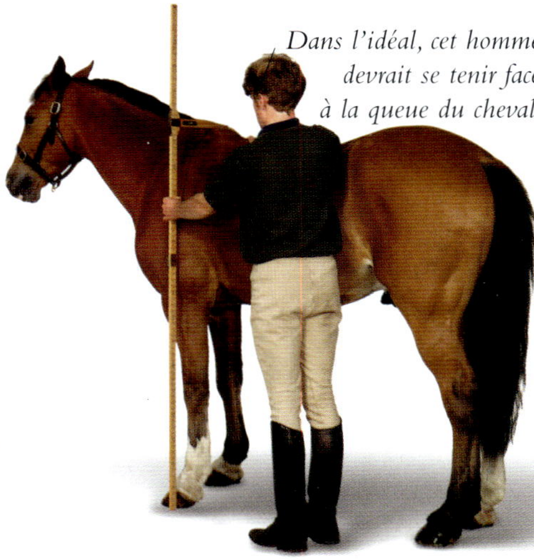

Dans l'idéal, cet homme devrait se tenir face à la queue du cheval.

Une palette de couleurs

Les chevaux se distinguent parmi les mammifères par la diversité des couleurs de leur robe. Elle est le produit de nombreux croisements au fil des siècles. Voici une sélection de couleurs reconnues.

Mesurer les chevaux

La taille des chevaux et des poneys se mesure en centimètres du sol au point le plus élevé du garrot. Les Anglo-Saxons utilisent aussi la main comme mesure (10 cm).

PALOMINO
Robe dorée avec crinière et queue blanches.

GRIS CLAIR
Peau noire avec mélange de poils noirs et blancs.

BAI
Robe brune ; crinière, queue et extrémité des membres noires.

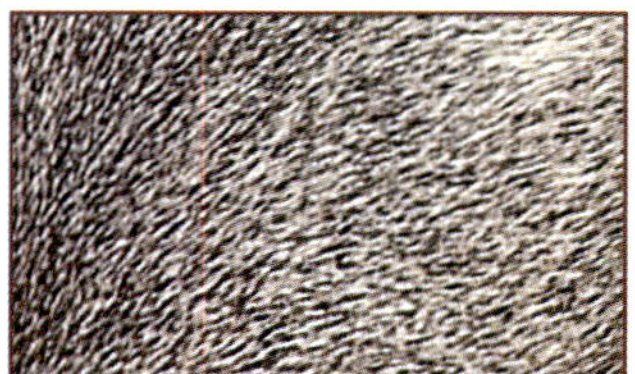

ROUAN BLEU
Robe noire mêlée de poils blancs.

GRIS TRUITÉ
Robe grise tachetée de poils noirs ou alezans.

ALEZAN
Robe et crins aux teintes dorées, du jaune pâle au roux intense.

BRUN
Mélange de poils noirs et bruns.

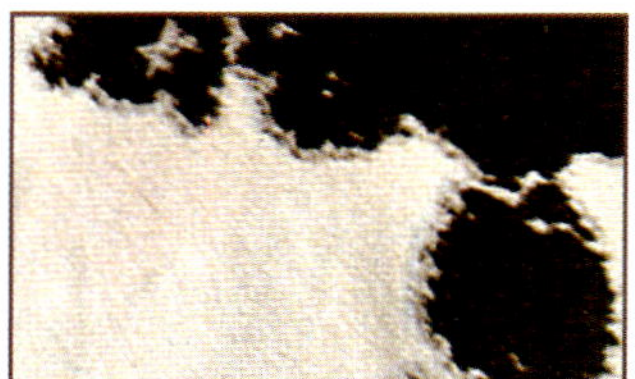

PIE
Taches noires et blanches.

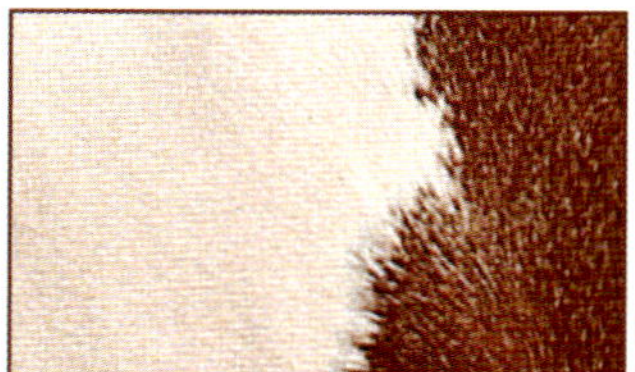

SKEWBALD
Taches blanches sur fond alezan.

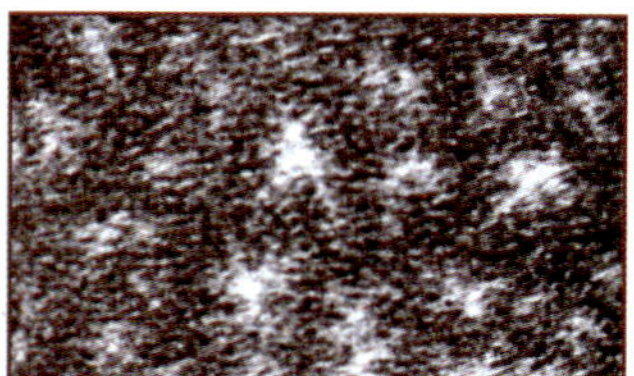

GRIS POMMELÉ
Touffes de poils gris foncé sur fond gris clair.

NOIR
Robe noire avec quelques marques blanches.

ISABELLE
Corps jaune clair ; crinière, queue et membres noirs.

UN CHEVAL NAIN

Thumbelina, le plus petit cheval du monde, mesure à peine plus de 43 cm de hauteur au garrot et pèse 25,85 kg. Avant lui, c'est Little Pumpkin qui détenait le record avec 35,5 cm au garrot. C'est la taille d'un petit chien !

Mon cheval a une étoile !

Beaucoup de chevaux ont des poils blancs sur la tête et l'extrémité des membres. Ils forment des marques distinctives qui portent des noms.

LISTE
Ligne blanche qui descend le long du chanfrein (la face).

ÉTOILE
Tache de poils blancs aux contours irréguliers sur le front.

LISTE LARGE
Large bande blanche qui descend le long du chanfrein.

PRINCIPE DE BALZANE
Marque blanche au-dessus du sabot.

PETITE BALZANE
Marque blanche recouvrant la partie inférieure du pied.

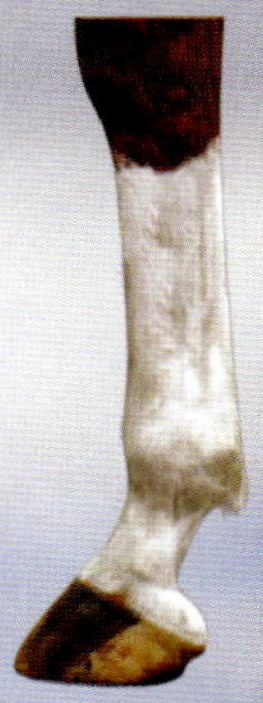

GRANDE BALZANE
Marque blanche montant jusqu'au genou ou au jarret.

Ce cheval porte une liste large.

Sa robe est alezane.

En action

Du pas au galop, les manières dont le cheval se déplace sont des allures. Chacune de ses quatre allures naturelles se distingue par une séquence spécifique de battues.

Le pas

Dans l'allure la plus lente, à quatre temps, le cheval avance tour à tour chaque pied. Il en a toujours deux ou trois au sol.

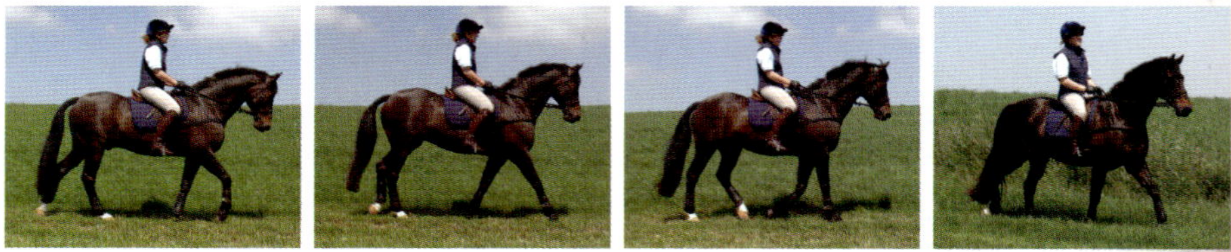

Le trot

Dans cette allure à deux temps, le cheval déplace postérieur droit et antérieur gauche, puis postérieur gauche et antérieur droit.

Le galop

Cette allure comporte trois temps : postérieur gauche, puis antérieur gauche et postérieur droit ensemble, puis antérieur droit.

Le galop de course

Dans cette allure à quatre temps, la plus rapide, le temps de suspension au-dessus du sol est plus long que dans le galop.

Le record de vitesse connu à ce jour pour le cheval est de 69 km/h.

La cinquième allure

Certaines races, tel l'islandais, ont une cinquième allure, le tölt. Confortable pour le cavalier, le tölt se situe entre le trot et le galop.

L'amble

L'islandais pratique également l'amble. Dans cette allure « glissée », rapide, le cheval lève les jambes du même côté (antérieur droit et postérieur droit, antérieur gauche et postérieur gauche).

Les champions

Un cheval au galop de course peut atteindre 50 km/h. Mais il ne court pas longtemps à cette vitesse, car elle nécessite beaucoup d'énergie.

Le langage

Animaux sociaux, les chevaux vivent volontiers en groupes. Ils communiquent par un langage vocal et corporel. Ils se reconnaissent et perçoivent ce qui se passe autour d'eux grâce à leur vue, leur ouïe et leur odorat.

Écoutez bien !

Les chevaux « parlent » aussi avec des sons. Ils poussent des cris aigus lorsqu'ils sont agressés. Les hennissements de la jument avec son poulain sont doux. Ceux du cheval à l'écurie qui a faim sont forts.

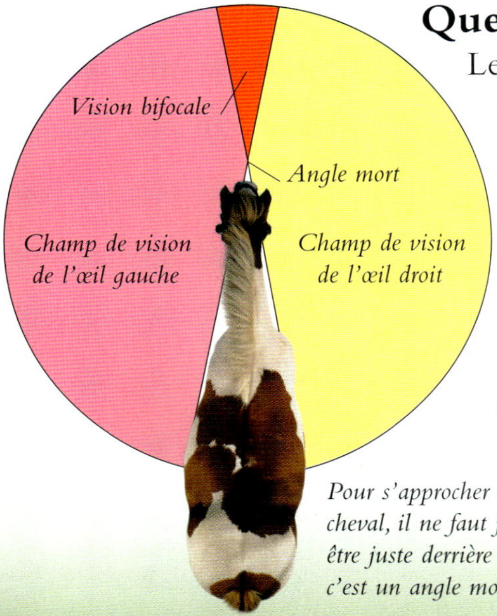

Pour s'approcher d'un cheval, il ne faut jamais être juste derrière lui, c'est un angle mort.

Quelle bonne vue !

Le cheval a une excellente vision, mais différente de la nôtre. Ses yeux, placés de chaque côté de la tête, lui permettent de voir presque à 360°, comme le montre ce schéma.

Des oreilles souples

Le cheval a aussi une très bonne ouïe. Ses oreilles, actionnées chacune par 13 paires de muscles, sont extrêmement mobiles. Leur position nous renseigne sur l'humeur de l'animal.

Le cheval est craintif ou en colère.

Le cheval est aux aguets, prêt à réagir.

Le cheval écoute, détendu.

Le toilettage mutuel

Comme nous, les chevaux ont des amis. Ils échangent les séances de toilette en se mordillant l'encolure et les épaules. Cette position leur permet en outre d'avoir un œil sur l'angle mort de leur compagnon.

Lorsqu'ils se sentent menacés, les chevaux se cabrent ou ruent.

Va-t'en !

Ce cheval qui fait une ruade avec les postérieurs a dû être surpris par une personne s'approchant par l'arrière. À moins qu'il ne veuille éloigner un rival gourmand qui empiète sur son territoire.

Quelle odeur est-ce ?

Pour identifier une odeur inhabituelle, le cheval ne la renifle pas seulement avec ses naseaux. Il retrousse aussi sa lèvre supérieure pour la « sentir » avec les membranes qui tapissent l'intérieur. Ce comportement porte le nom de « flehmen ».

La naissance du poulain

La naissance du poulain est rapide : moins d'une heure, sauf problème particulier. En effet, les chevaux craignent les prédateurs, et les juments ont hâte d'être debout dès que possible pour pouvoir s'enfuir si nécessaire.

La gestation

La jument porte le fœtus pendant un peu plus de onze mois. Lorsqu'elle est sur le point de mettre bas, elle devient agitée. Elle s'allonge et se lève tour à tour en touchant son ventre.

Les premiers soins

C'est généralement la nuit, lorsqu'elle se sent le plus en sécurité, que la jument pouline. Elle lèche le nouveau-né pour le débarrasser de la poche amniotique. Elle active ainsi sa circulation et sa respiration, et consolide le lien avec son petit.

Les mamelles de la jument se cachent entre ses membres postérieurs.

Regarde, maman !

Le poulain fait ses premiers pas 30 minutes après la naissance et, deux heures plus tard, il peut déjà aller au trot et au galop.

Combien de temps un cheval vit-il ?

Le record de longévité chez les chevaux revient à Old Billy, né en 1760. Utilisé pour haler les barges en Grande-Bretagne, il mourut en novembre 1822, à l'âge de 62 ans. Old Billy avait une robe noire et une liste blanche sur le chanfrein.

La jeune jument porte le nom de pouliche.

L'heure de la tétée

Pendant les premiers mois, le poulain se nourrit du lait maternel, tout en apprenant peu à peu à brouter. Chez les poulains domestiques, le sevrage s'effectue à cinq mois, chez les poulains sauvages ce n'est qu'à un an.

L'heure de la sieste

Les jeunes poulains dorment beaucoup, environ douze heures par jour, mais en plusieurs fois, contrairement aux hommes. Tandis que les chevaux adultes sommeillent debout, les poulains s'allongent.

Le cheval et l'homme

L'homme entretient des liens avec le cheval depuis fort longtemps. Il y a 34000 ans, l'un de nos ancêtres sculpta un minuscule cheval avec un outil en pierre dans une défense de mammouth. Cette figurine (ci-dessous) ne fut découverte que vers 1930.

Dans certaines régions d'Asie, on trait encore les chevaux de nos jours.

Le cheval de Vogelherd, l'une des œuvres d'art les plus anciennes, ne mesure que 4,8 cm de haut. La figurine avait probablement des membres à l'origine.

Les premiers cavaliers ?

On pense que les Botai, chasseurs d'Asie centrale, montaient et trayaient déjà les chevaux il y a 5500 ans.

Les chevaux permettaient aux Amérindiens de chasser sur de vastes territoires.

À la guerre

Vers 2000 av. J.-C., l'apparition de chars tractés par des chevaux ouvrit la voie à de nouvelles pratiques guerrières. L'invention des roues à rayons les rendit plus légers.

Le cheval de Troie

Les Troyens firent entrer le mythique cheval de bois dans leur cité, croyant que les envahisseurs, les Grecs, l'avaient abandonné en levant le siège. Mais il était rempli de soldats grecs qui détruisirent la cité de Troie et revendiquèrent la victoire.

D'autres informations sur Bucéphale page 35

Une étape importante

L'apparition de l'étrier constitua une avancée majeure pour les cavaliers. Il améliora leur stabilité et leur permit de mieux diriger leur monture, avantage appréciable à la guerre.

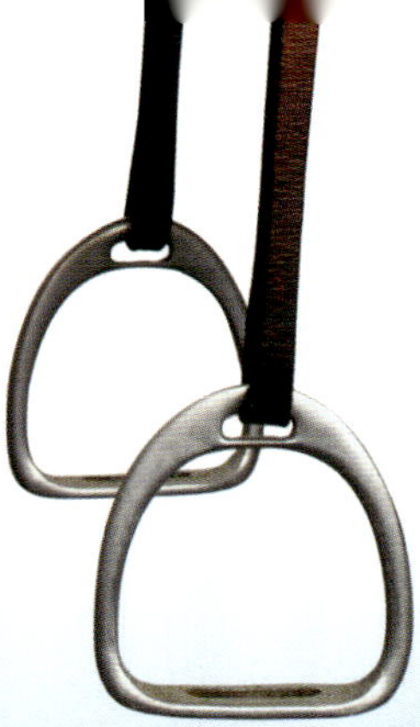

Quelle équipe !

Alexandre le Grand (356-323 av. J.-C.) est connu pour les nombreuses conquêtes qu'il effectua avec son puissant cheval Bucéphale.

Les chevaux en Amérique du Nord

Les chevaux disparurent d'Amérique du Nord pendant plusieurs millénaires avant d'y être réintroduits au XVIIe siècle. Ils changèrent le mode de vie de milliers de tribus amérindiennes, comme les Sioux et les Cheyennes.

Les tournois

Personnages prestigieux, les chevaliers du Moyen Âge, en Europe, se battaient à cheval pour les rois et les nobles. Ils défendaient leurs châteaux, conquéraient des territoires et soumettaient des peuples.

De redoutables mêlées

Les premiers tournois opposaient des équipes de chevaliers à dos de cheval qui disputaient de faux combats avec toutes sortes d'armes : épées, lances, haches, massues et fléaux pour battre les céréales.

L'armure du cavalier et celle du cheval pesaient environ 62 kg au total.

Le chevalier était coincé entre l'avant et l'arrière de la selle.

La lance, généralement en bois, avait une extrémité en métal.

Le chanfrein protégeait la tête du cheval.

Le caparaçon, en métal, était rembourré de tissu.

Une protection complète

Comme les chevaliers, les chevaux devaient se protéger contre les armes et les collisions. Le cheval était rarement revêtu d'une protection complète, ou caparaçon, car elle était onéreuse et nécessitait un animal puissant pour la porter.

Chargez !

En temps de paix, les chevaliers s'entraînaient à monter à cheval et à se battre. Ils déployaient leur savoir-faire lors de compétitions, ou tournois. Au cours de la principale épreuve, la joute, deux chevaliers s'affrontaient en essayant de désarçonner l'adversaire avec une longue arme appelée lance.

Le chevalier était identifiable à la couleur de son plumet.

Dans les reconstitutions historiques, chaque chevalier dirige sa lance vers le bouclier de l'adversaire.

À retenir

Les chevaliers aisés possédaient différents types de chevaux :

- Un puissant destrier pour charger dans les combats.
- Un coursier rapide pour les raids et les poursuites.
- Un palefroi, petit cheval, pour les parades et la chasse.

Au travail

Les chevaux ont servi à transporter les hommes et les marchandises pendant des millénaires. L'économie mondiale dépendait encore largement d'eux au début du siècle dernier.

Le terme «cheval-vapeur», qui désigne la puissance d'un moteur, est toujours en usage.

Dans les champs
Depuis les temps les plus anciens, les chevaux tirent des charrues qui retournent la terre pour l'ensemencer. De nos jours, les chevaux ne participent que rarement aux travaux des champs.

Au fil de l'eau
Aux XVIIIe et XIXe siècles, les chevaux halaient des barges, longues embarcations à fond plat, le long des cours d'eau d'Europe septentrionale.

Sous la terre

Aux XIXe et XXe siècles, des poneys travaillaient dans les mines de charbon. Ils étaient bien traités, mais remontaient rarement à la surface.

Les bagages étaient hissés sur le toit.

Deux ou quatre chevaux étaient attelés à l'avant de la diligence.

Sur la route

Des diligences tirées par des chevaux transportaient les voyageurs sur les routes avant l'apparition du chemin de fer.

De précieux chevaux

La révolution industrielle, commencée à la fin du XVIIIe siècle en Europe, vit l'apparition de nombreuses machines qui étaient souvent actionnées par des chevaux. La machine ci-dessous moud le blé pour fabriquer de la farine.

Grosse roue

Ce cheval fait tourner un moulin à farine.

Axe de la meule située sous le pavage

Le Pony Express

Ce service de dépêches fonctionna pendant 18 mois en 1860 aux États-Unis. Les cavaliers parcouraient 3 200 km en changeant de monture régulièrement.

Toujours utiles

Une grande partie des travaux difficiles accomplis jadis par les chevaux est désormais effectuée par des machines. Mais les chevaux sont toujours utilisés pour certains types de transport et des tâches spécifiques.

Les bêtes de somme
Les chevaux, les ânes et les mulets transportent encore hommes et marchandises dans les régions dépourvues de routes ou de véhicules.

L'ordre et la loi
La police montée est un spectacle familier dans de nombreux pays, notamment en Inde et en Angleterre. Les chevaux sont soumis à un entraînement long et rigoureux.

Au secours !
Quand des voyageurs se perdent dans des zones reculées, les sauveteurs ratissent la région à cheval pendant que des hélicoptères la survolent.

Lors de la fête très populaire de Naadam, les jeunes Mongols disputent des courses de chevaux sur 30 km de distance.

Au pays du cheval

Les nomades d'Asie centrale sillonnent les vastes étendues de prairies avec de puissants chevaux. En Mongolie, la fête nationale, en juillet, rend un vibrant hommage au cheval.

Le cavalier dirige le cheval avec ses pieds.

Chaque timbale, en argent massif, pèse 40 kg.

Des fanons couvrent les sabots.

Chevaux d'apparat

Les chevaux participent aux fêtes et aux parades dans de nombreuses régions du monde. Ils doivent être à la fois robustes et dociles, comme ce timbalier.

Depuis des siècles, les chevaux sont utilisés pour rassembler le bétail.

La vie du ranch

Dans les ranchs, vastes fermes d'Amérique du Nord, les chevaux servent encore à rassembler le bétail. Ils suivent les troupeaux pour s'assurer qu'aucun animal ne le quitte et ne s'égare.

Les ancêtres du cheval

Il y a environ 60 millions d'années, un timide mammifère à quatre pattes, guère plus gros qu'un lièvre, évoluait dans les forêts d'Amérique du Nord. Les paléontologues pensent que cet animal, le cheval de l'Aube, est l'ancêtre des chevaux actuels (également apparenté au tapir et au rhinocéros).

Le cheval de l'Aube
Hyracotherium, le cheval de l'Aube, vivait en Amérique du Nord il y a 55 millions d'années. Ses petites dents indiquent qu'il broutait, probablement les feuilles tendres et les fruits.

Le cheval du Milieu
Mesohippus apparut il y a 40 millions d'années. Un peu plus gros que le cheval de l'Aube, de la taille d'un mouton, cet animal évoluait dans des paysages plus découverts.

L'évolution du pied

Les pieds du cheval ont évolué pour s'adapter à l'environnement, passant de trois ou quatre doigts protégés par des coussinets à un unique doigt recouvert par un sabot. Cette évolution a duré des millions d'années.

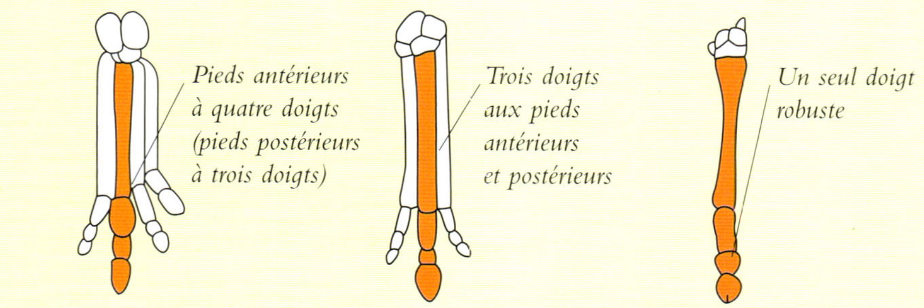

HYRACOTHERIUM
évoluait sur un sol mou et humide en écartant les doigts pour ne pas s'enfoncer.

MESOHIPPUS
se déplaçait sur trois doigts à chaque pied, en prenant appui sur celui du milieu.

PLIOHIPPUS
fut le premier équidé à un seul doigt, protégé par un sabot.

L'évolution d'*Equus* s'est effectuée en quatre étapes.

Le cheval à un doigt

De la taille d'un âne, *Pliohippus* vécut il y a 10,5 millions d'années. Ses dents plus longues et plus solides étaient adaptées à la végétation dure d'un environnement plus sec.

Equus

De la taille d'un poney et ressemblant davantage aux chevaux actuels, *Equus* apparut il y a 4 millions d'années. Ses longs membres lui permettaient de parcourir de vastes étendues à vive allure.

De grands voyageurs

Hyracotherium apparut en Amérique du Nord, mais comment ses descendants se propagèrent-ils ? Ils migrèrent par les ponts terrestres à l'ère glaciaire. Lorsque les glaciers reculèrent (il y a 10 000 ans), le cheval disparut d'Amérique du Nord. Nul ne sait pourquoi. Il y fut réintroduit au XVIIe siècle.

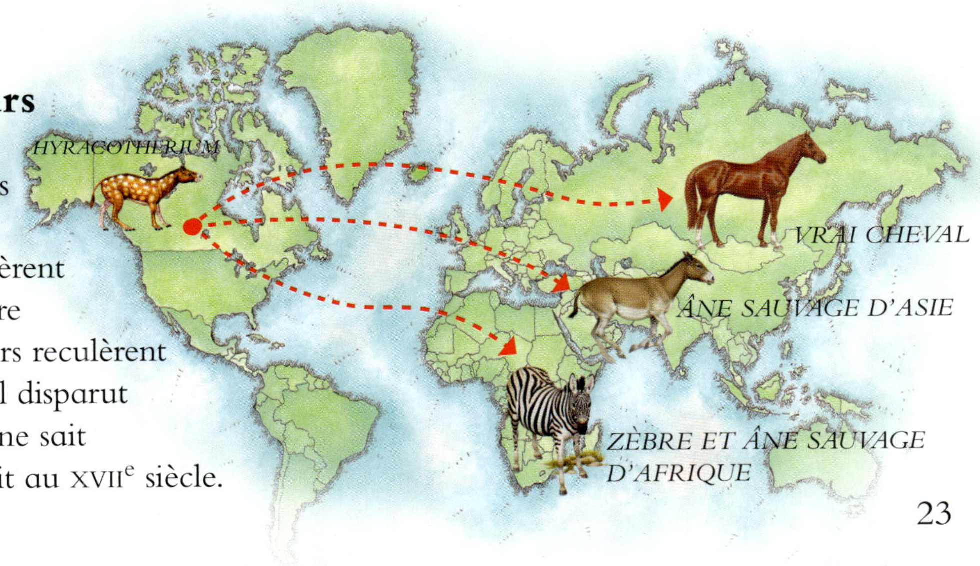

Les équidés sauvages

Les chevaux ont vécu à l'état sauvage des milliers d'années avant d'être domestiqués par l'homme. Il n'existe plus de chevaux sauvages, mais le cheval de Prjevalski serait apparenté à ces races anciennes.

Des origines sauvages
Également appelé cheval sauvage d'Asie, le cheval de Prjevalski à l'état sauvage a disparu dans les années 1960. Mais des spécimens élevés en captivité ont été relâchés dans leur habitat naturel.

Une grande famille
La famille des équidés regroupe le cheval de Prjevalski, les chevaux domestiques (dont les poneys), les ânes et les zèbres.

LE CHEVAL DE PRJEVALSKI
Ce cheval se distingue par sa courte crinière et l'absence de toupet.

L'ÂNE
Il en existe deux espèces : l'âne sauvage d'Afrique et l'âne sauvage d'Asie, ou hémione.

LE ZÈBRE
C'est le seul membre véritablement sauvage de la famille des équidés.

L'âne sauvage d'Afrique est l'un des plus rares mammifères.

L'âne sauvage d'Afrique a les membres rayés, comme le zèbre.

L'instinct de survie
Comme ses ancêtres sauvages, l'âne sauvage d'Afrique est très résistant. Il peut survivre deux ou trois jours sans eau, en se nourrissant de végétaux.

Tous différents

Tous les zèbres se ressemblent en apparence. Pourtant, il en existe trois espèces qui se différencient par le motif de leurs zébrures. En réalité, il n'y a pas deux zèbres qui présentent les mêmes dessins (de même que les hommes ont des empreintes digitales uniques).

LE ZÈBRE DE GRÉVY
La plus grande espèce de zèbre

LE ZÈBRE DE CHAPMAN
L'espèce la plus répandue

LE ZÈBRE DE MONTAGNE
Présente un repli de peau, ou fanon, sous la gorge

À retenir

Le croisement :

- d'un zèbre et d'une ânesse produit un zébryde.
- d'un âne et d'une jument produit un mulet ou une mule.
- d'un cheval et d'une ânesse produit un bardot.
- d'un zèbre et d'une jument produit un zorse.

Un animal domestique ?

Les zèbres n'ont jamais pu être domptés avec succès par l'homme, hormis quelques rares cas. En effet, en prenant de l'âge, ils deviennent agressifs et paniquent facilement.

Les zèbres ont rarement été utilisés ainsi, car ils ont des réactions imprévisibles.

Les chevaux féraux

Les mustangs parcourent les plaines de l'ouest des États-Unis. Ce sont des chevaux féraux ; présents dans le monde entier, ils descendent des chevaux domestiques.

Les conquistadors étaient des explorateurs et des conquérants espagnols qui s'approprièrent des terres sur le continent américain.

En route vers l'Amérique

Les chevaux furent introduits en Amérique du Nord par les conquistadors espagnols il y a 400 ans. Certains s'enfuirent ou furent relâchés. En 1900, les États-Unis comptaient deux millions de chevaux féraux. Les mustangs furent presque exterminés, avant d'être protégés par la loi.

C'est moi le chef!

Les chevaux n'aiment pas se battre. Mais dans un troupeau d'animaux féraux, l'étalon dominant y est contraint pour affirmer son statut face aux juments. En général, le cheval le plus faible s'enfuit à toutes jambes.

À retenir

- On recense 25 000 mustangs dans dix États de l'ouest des États-Unis.
- La moitié de ces mustangs se concentre dans le Nevada.
- La race camarguaise, l'une des plus anciennes du monde, n'a été officiellement reconnue que dans les années 1960.

Le cheval semi-sauvage de Camargue

Le camarguais, parfois surnommé « le cheval blanc de la mer », vit dans les marécages du delta du Rhône, au sud-est de la France. Les adultes sont gris et les poulains, bruns ou noirs, deviennent gris en prenant de l'âge.

En route vers l'Australie

En Australie, les chevaux féraux, appelés brumbys, sont très nombreux, beaucoup plus que n'importe où ailleurs dans le monde. Ils y furent introduits en 1788 par des navires en provenance de Grande-Bretagne. Ils étaient alors au nombre de sept, mais on en dénombrait 160 000 en 1850 (suite à l'élevage), et ils sont environ 400 000 aujourd'hui.

Les grandes races

On dénombre environ 250 races de chevaux dans le monde. Parmi les plus importantes figurent le pur-sang, l'arabe et le barbe. Ces deux dernières sont les plus anciennes.

Les couleurs du pur-sang sont l'alezan, le noir, le gris et le bai brun.

Le séduisant arabe

L'arabe est apparu en Arabie et en Afrique du Nord il y a 3 000 ans. Très prisé pour sa beauté, son intelligence et sa rapidité, il possède 17 côtes, au lieu de 18 chez les autres races.

Tête élégante au profil concave

L'arabe soulève la queue lorsqu'il se déplace.

Larges naseaux

À retenir

- L'arabe et le pur-sang sont des chevaux « à sang chaud », car ils sont à la fois rapides et athlétiques.
- Les chevaux lourds, comme le clydesdale, sont au contraire dits « à sang froid ».

Une écurie bien remplie

Selon la légende, Salomon, roi d'Israël de 972 à 922 av. J.-C., possédait plus de 40 000 chevaux arabes. Beaucoup avaient été capturés au cours de batailles.

Le robuste barbe

Le barbe, originaire d'Afrique du Nord, est l'un des chevaux les plus endurants du monde. Doué d'une grande vigueur, il est rapide sur de courtes distances. Familier du désert, il supporte les températures élevées et le manque d'eau. Il est apprécié pour l'équitation, la course et le saut.

Né pour courir

Le pur-sang, cheval de course, est le plus rapide du monde. Il est né en Angleterre au XVIIe siècle.

Le barbe est extrêmement agile.

Le sabot étroit est commun à d'autres races du désert.

Le pansage

Beaucoup de gens rêvent de posséder un cheval. Avant d'en acquérir un, mieux vaut s'exercer à s'occuper de ceux d'un centre d'équitation, afin de se familiariser avec les soins qu'un cheval nécessite au quotidien.

Les bienfaits du pansage
Un cheval a besoin d'une toilette quotidienne, et il apprécie d'être pansé. Le pansage permet aussi de vérifier s'il est en bonne santé et de détecter la moindre anomalie, comme une enflure ou une blessure, par exemple.

Il est préférable de panser le cheval avant qu'il ne soit sellé, en l'attachant avec une longe reliée au licol.

Le matériel de pansage

Chaque cheval doit posséder son propre matériel de pansage, entreposé dans une mallette pour le transport. Il faut ranger les brosses les poils vers le haut pour qu'elles durent plus longtemps.

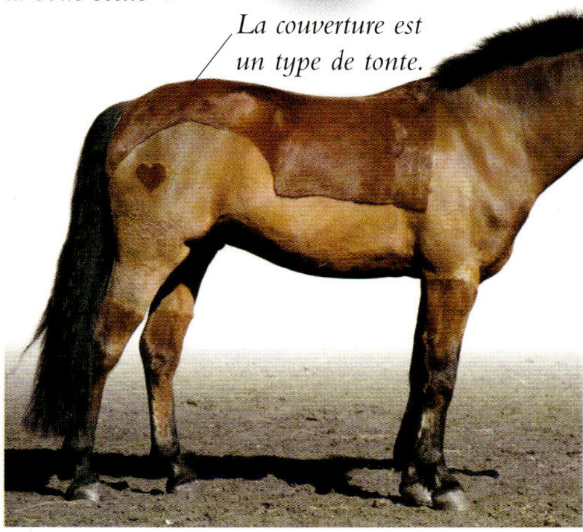

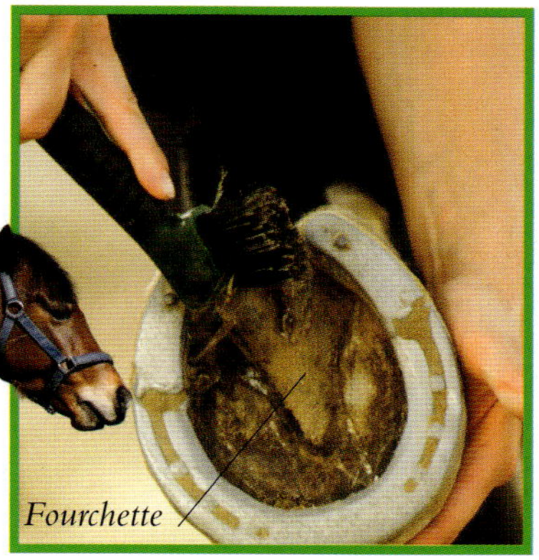

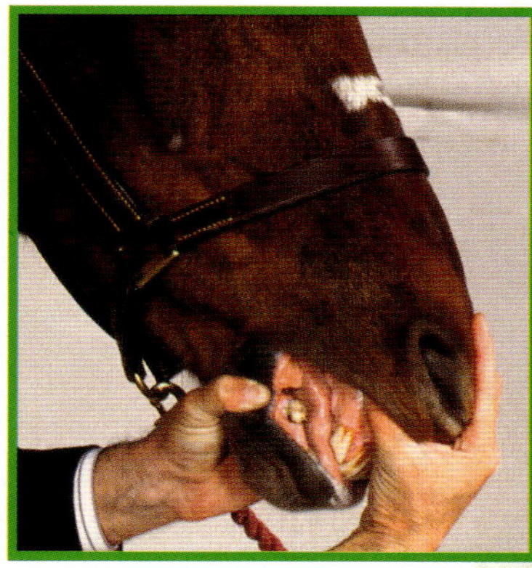

Curer les pieds

Pour nettoyer l'intérieur des sabots, on utilise un cure-sabot, en procédant du talon vers le doigt, à partir de la fourchette.

Chez le dentiste

Un cheval qui a mal aux dents peut être de très mauvaise humeur. La denture doit donc être vérifiée régulièrement.

La tonte

Les chevaux ont besoin d'être tondus s'ils travaillent dur ou s'ils transpirent beaucoup. Il existe différents types de tonte.

Entretenir la sellerie

La sellerie doit être entretenue régulièrement pour éviter qu'elle n'abîme la peau du cheval. Bien nettoyer la selle et la bride permet au cuir de conserver sa souplesse.

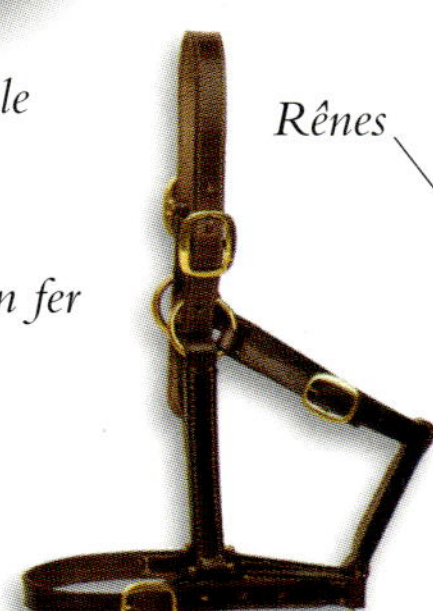

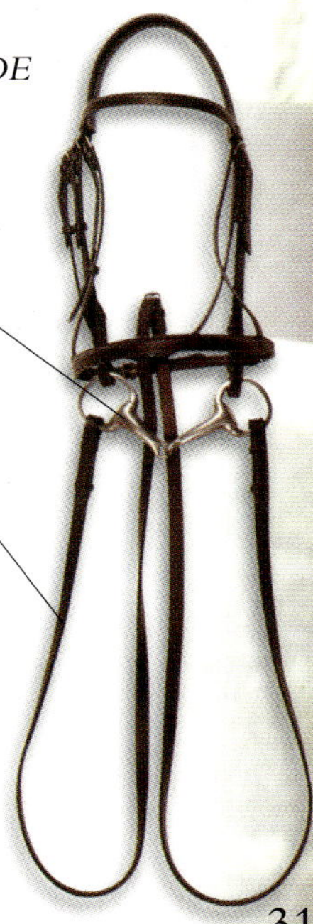

Les autres soins

Outre le pansage et l'entretien de la sellerie, le cheval a d'autres besoins, comme l'alimentation et le nettoyage de l'écurie.

À l'écurie

Certains chevaux vivent à l'extérieur, dans des prés avec un abri. D'autres, à l'écurie, ont besoin d'une litière épaisse et propre. Elle peut être en paille, sciure de bois, papier ou chanvre.

Un cheval boit environ 38 litres d'eau par jour.

L'heure du repas

En dehors de l'herbe et du foin, un cheval actif a besoin d'aliments énergétiques. Beaucoup de chevaux reçoivent des compléments alimentaires, qui sont des mélanges d'ingrédients.

Une litière bien propre

Pour éviter les infections, la litière doit être nettoyée deux fois par jour. Après l'avoir débarrassée du crottin, on dispose une couche fraîche sur l'ancienne (ici, du foin).

Dans le pré

Les chevaux qui vivent à l'extérieur ont besoin de beaucoup d'espace pour brouter et s'ébattre à loisir. Dans l'idéal, ils devraient disposer d'une surface équivalant à celle d'un terrain de football.

Besoin de compagnie

Animaux grégaires, les chevaux s'ennuient lorsqu'ils sont seuls. Lorsqu'ils ne trouvent pas de congénère, ils apprécient souvent la présence d'un autre compagnon.

L'art du dressage

C'est en essayant de comprendre le comportement des chevaux que l'on apprend à communiquer avec eux et à les dresser. L'art du dressage remonte à Xénophon, écrivain grec qui, en 350 av. J.-C., rédigea le traité *De l'équitation*.

Le soldat et écrivain grec Xénophon préconisait la douceur et la patience pour dresser les chevaux.

C'est en observant les chevaux qu'on parvient le mieux à les dresser.

Le langage du corps

La communication humaine est en partie non verbale. Notre corps parle de lui-même, et le cheval y est sensible. La manière de se présenter ou de le regarder, la taille, l'intonation de la voix sont très importants pour lui.

La première étape

Pour qu'un cheval réagisse bien à un dresseur, il doit être habitué à la présence humaine dès la première année. La manière dont il est alors traité influera sur son comportement à l'âge adulte.

Attention !

Cette jument réprimande son foal en lui pinçant la fesse. Le jeune poulain obéit à sa mère, car il a besoin de sa protection. Les dresseurs utilisent ce comportement instinctif, encourageant les poulains avec des compliments et des récompenses.

UN JEUNE DOMPTEUR

Il y a 2300 ans, Alexandre le Grand, alors âgé de douze ans, parvint à dompter le puissant étalon noir Bucéphale après avoir compris qu'il avait peur de son ombre et en l'orientant vers le soleil. Son père lui fit don du cheval en signe de récompense.

Une relation de confiance

Lorsque le cheval a confiance en son dresseur, il fait face aux situations les plus inattendues, comme le montre la réaction détendue de ce cheval en présence d'un gros ballon.

Suivez le guide !

Les chevaux ont besoin de compagnie et de protection. La plupart préfèrent suivre que conduire. S'ils font confiance à une personne, ils la suivent volontiers.

Monter à cheval

Il existe des centres équestres un peu partout, et beaucoup d'enfants apprennent à monter à cheval. Prendre des leçons ou faire des balades à cheval est toujours un véritable plaisir.

L'équipement

La tenue du cavalier doit être conçue pour son confort et sa sécurité. Les jodhpurs et les jambières sont parfaits, car ils sont extensibles, et ils protègent les jambes du frottement contre les étrivières. Il faut aussi prévoir des bottes à talon bas et une bombe pour la tête.

Cette muserolle combinée comporte deux lanières, l'une passant sous le mors.

Il existe de nombreux types de mors. Tous les chevaux n'ont pas besoin d'un modèle aussi robuste que celui-ci.

À retenir

- Il faut prendre le temps de visiter le centre équestre avant de s'y inscrire pour prendre des leçons.
- Les chevaux ont-ils l'air en bonne santé ? Les écuries sont-elles bien entretenues ?
- Il est souvent possible d'assister à une leçon pour voir si le moniteur convient.

Travail à la longe

Pendant les premières leçons, le cheval est mené par le moniteur à l'aide d'une longe. Plus tard, le travail à la longe, ou longue rêne, est également conseillé. Pendant que le moniteur conduit le cheval, on peut se concentrer sur sa position.

Savoir monter… et redescendre

On monte et descend toujours du côté gauche du cheval, en demandant à quelqu'un de le tenir. L'une des techniques pour descendre consiste à enlever les deux pieds des étriers et à passer la jambe droite au-dessus du dos du cheval avant de sauter à terre.

En selle

Le moniteur enseigne progressivement à utiliser les différentes parties du corps pour diriger le cheval : jambes, mains, voix, poids. On devient vite un cavalier expérimenté !

Les premiers pas

Une fois en selle, il faut vérifier que les étriers sont à la bonne hauteur. Le moniteur enseigne à les régler seul.

Pour avancer au pas, on regarde devant soi et on serre légèrement les jambes contre les flancs du cheval. Certains chevaux réagissent à l'ordre d'avancer.

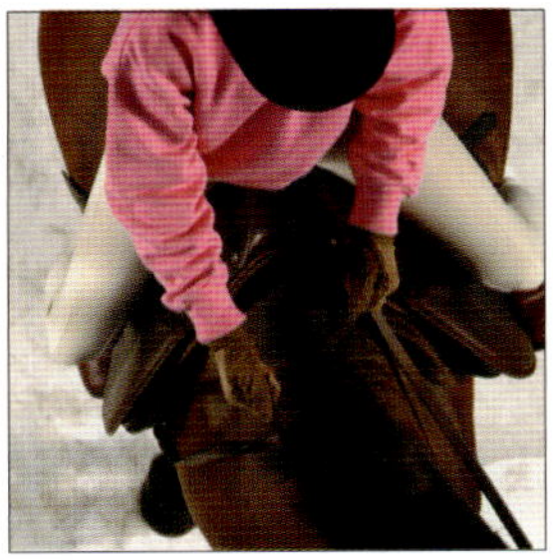

Pour tourner, on regarde du côté où l'on veut aller pour garder l'équilibre. Pour tourner à gauche, on appuie sur la rêne et la jambe gauches. On relâche la rêne droite pour que le cheval tourne la tête.

Les styles

Anglaise ou western ? Ce sont les deux principales manières de monter à cheval. La première est la plus classique. La seconde s'est développée dans des régions du monde où les chevaux servent traditionnellement à rassembler le bétail.

Les rênes lâches

Le cavalier western tient les rênes d'une seule main sans les serrer. Leur contact contre l'encolure sert à guider le cheval, technique appelée rêne d'appui.

Tout pour le confort

L'équitation western a été élaborée par les cow-boys de manière à chevaucher pendant des heures. Ils dirigent principalement leur monture avec le poids du corps, en poussant les jambes vers l'avant.

La selle western

Ce type de selle est spécialement conçu pour rassembler le bétail dans les ranchs des États-Unis.

Quelles races de chevaux ?

Tous les chevaux peuvent être entraînés à l'équitation western. En Amérique du Nord, le cheval le plus populaire est le quarter horse.

Un contact permanent

Dans l'équitation anglaise, le cavalier guide le cheval avec ses jambes tout en accentuant la pression sur l'une des deux rênes et en la relâchant sur l'autre.

La selle anglaise

L'équitation anglaise n'est pas limitée aux pays anglo-saxons. Ce type de selle s'utilise dans bien des compétitions internationales.

En avant !

Dans l'équitation anglaise, plus formelle, le cheval est guidé principalement par l'assiette, les mains et les jambes, qui sont serrées contre les flancs du cheval.

La compétition

L'une des compétitions équestres les plus difficiles, le concours complet, comprend trois épreuves : dressage, saut d'obstacles et cross. Le cheval et le cavalier doivent être tous les deux au meilleur de leur forme !

Le parcours de cross teste les aptitudes du cheval et du cavalier : force, vigueur, équilibre, maîtrise et courage.

L'épreuve de cross

Le cross est l'épreuve la plus fatigante du concours complet. Lancés au galop à travers bois et champs, les participants doivent négocier des obstacles : troncs d'arbres, plans d'eau, talus, haies en bois.

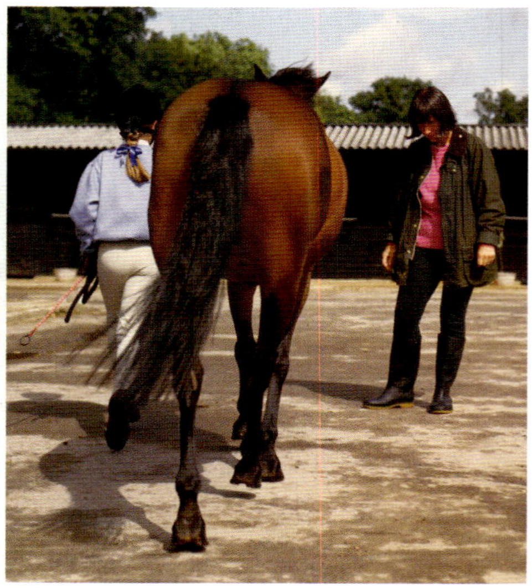

En forme ?

Pour s'assurer que les chevaux sont aptes à concourir, un vétérinaire les examine avant le départ, puis au moins une fois pendant le concours, qui dure trois jours.

Le dressage

Le cheval et son cavalier doivent exécuter sur une piste des figures imposées, semblables à de la danse, avec des mouvements fluides et gracieux. Le dressage teste la capacité d'obéissance et la souplesse de l'animal.

Le cavalier doit maîtriser parfaitement son cheval pendant l'épreuve de dressage.

À retenir

- Il ne faut pas confondre le dressage, épreuve du concours complet, avec celui qui sert à éduquer les chevaux !
- Le concours complet est né lors des jeux Olympiques de 1912, mais, jusqu'en 1952, seuls les officiers de cavalerie pouvaient y participer.

Des commandes cachées

Les aides spécifiques au dressage sont difficiles à percevoir. En effet, le cavalier entraîne le cheval à réagir au moindre contact avec les jambes, les mains ou l'assiette.

Encore un saut !

L'épreuve de saut d'obstacles se déroule sur un parcours comportant dix ou douze sauts. Aux niveaux les plus élevés de la compétition, le concours complet s'achève avec cette épreuve. C'est un bon moyen de départager les concurrents, car les chevaux sont très fatigués.

Les courses

Des courses de chars au Colisée, dans la Rome antique, au steeple-chase actuel, les courses de chevaux attirent depuis des millénaires des foules de passionnés. Ils viennent y admirer la vigueur et la rapidité des concurrents.

Les courses de chars

Les premières courses de chars se disputaient lors de jeux organisés à la mémoire des héros et des rois de la Grèce antique.

Les courses de plat testent la vitesse, l'agilité et la force.

C'est parti !

Les courses de plat sont avant tout des épreuves de vitesse. Elles se disputent dans le monde entier avec des pur-sang sur des terrains plats, sans obstacles. Les jockeys doivent être légers, et ils sont généralement plus petits que ceux qui participent aux courses de steeple-chase.

LE GAGNANT EST...

En 67 apr. J.-C., l'empereur romain Néron prit part à une course de chars lors des jeux Olympiques. Son char était tiré par dix chevaux, ceux de ses concurrents par quatre. Lorsqu'il tomba de son char, ses concurrents le laissèrent remonter dessus, puis gagner la course, car ils avaient peur de lui !

La course attelée

Ce type de course est très prisé en Europe, aux États-Unis, en Australie et Nouvelle-Zélande. Un cheval tire un véhicule à deux roues appelé sulky, dans lequel est assis le jockey. Les chevaux sont des trotteurs en Europe, des ambleurs aux États-Unis.

Steeple-chase

Le steeple-chase est né en 1752 en Irlande lorsque deux amis disputèrent une course à travers champs, par-dessus haies et fossés, jusqu'à l'église d'un village. La plus célèbre course de steeple-chase du monde, le Grand National, en Angleterre, comporte 30 obstacles.

De nos jours, les jockeys sont facilement identifiables, grâce à leur casaque (veste) et à leur toque en soie aux couleurs du propriétaire du cheval.

Les jeux équestres

Le cheval a souvent travaillé pour l'homme au fil des millénaires. Mais l'un et l'autre savent aussi s'amuser ensemble en partageant certains jeux et sports.

L'exercice de la poste hongroise consiste à conduire cinq chevaux en posant chaque pied sur un cheval différent.

Le jeu des rois

Comparable au hockey, le polo oppose deux équipes de quatre joueurs à cheval qui doivent marquer des buts en frappant une balle avec un maillet. La partie se joue en courtes périodes appelées *chukkas*.

Les exercices de voltige

Dans la voltige, le cavalier se livre à des exercices d'acrobatie sur un ou deux chevaux, généralement au galop. Nombre d'entre eux nécessitent des années d'entraînement.

Le mot « polo » est dérivé du tibétain *pulu*, qui signifie « balle ».

Le saut d'obstacles

Le barrel racing (course autour de tonneaux)

Le bending race (parcours en slalom autour de poteaux)

Des jeux passionnants

Beaucoup d'enfants – et d'adultes – apprécient les gymkhanas. Ces courses d'obstacles sur de courtes distances, comme le *barrel racing* et le *bending race,* testent l'adresse et l'énergie des concurrents.

C'est moi le meilleur !

Les gagnants des concours d'élevage et des concours hippiques sont récompensés par des flots qui sont fixés à la tête des chevaux. Les couleurs varient selon les pays.

Du grand spectacle

Très répandu en Amérique du Nord, le rodéo est un sport destiné à tester le savoir-faire des cow-boys. Remontant au XIXe siècle, il comprend plusieurs épreuves, telles que celles consistant à attraper un veau au lasso, chevaucher un taureau à cru ou maîtriser un bouvillon.

À vos paris !

Selle ton cheval
et galope jusqu'à
la ligne d'arrivée.
Qui gagnera la course ?
Prends garde aux obstacles
rencontrés en route !

La ligne d'arrivée est en vue. **Avance de 4 cases**

Tu galopes avec un étalon. **Avance de 4 cases**

Un tronc d'arbre barre la route. **Recule de 3 cases**

Tu passes au galop. **Avance de 6 cases**

Attention, terrier de lapins ! **Recule de 5 cases**

Tu sautes un obstacle. **Avance de 4 cases**

DÉPART

Règle du jeu

De 2 à 4 joueurs

Descends **Monte**

Il te faut

Un dé

Des pions (un par joueur)

Découpe les rosettes ci-dessous, ou dessine tes propres pions. Place les pions sur la case DÉPART. À tour de rôle, chaque joueur lance le dé. Avance d'autant de cases que le résultat indiqué sur le dé. Si tu atterris sur une case avec des instructions, fais ce qui est écrit. Bonne chance !

ARRIVÉE
Bravo, tu as gagné la course !
Repos à l'écurie. Passe un tour
Ta selle est mal serrée. Recule de 3 cases
Des chevaux sauvages t'escortent. Avance de 4 cases
Tu t'arrêtes pour t'occuper d'un poulain. Passe un tour
Tu dois referrer ton cheval. Recule de 5 cases
Pause pansage. Passe un tour
Quelles délicieuses carottes ! Avance de 5 cases

Vrai ou faux?

Teste tes connaissances
sur les chevaux.
Les affirmations suivantes
sont-elles vraies ou fausses?
Bonne chance!

Trois paires de muscles actionnent l'**oreille** du cheval.
Voir page 10

Le cheval d'**Alexandre le Grand** s'appelait Vogelherd.
Voir page 35

Chaque espèce de **zèbre** a un motif de zébrures différent.
Voir page 25

Le **squelette** d'un cheval comporte 205 os.
Voir page 5

Le **polo** se joue par équipe de six.
Voir page 44

Une **grande balzane** est une marque blanche montant jusqu'au genou ou au jarret d'un cheval.
Voir page 7

Le **gymkhana** est une épreuve sportive pour les chevaux et leurs cavaliers.
Voir page 45

La **jument** porte son petit pendant huit mois.
Voir page 12

S'il se sent **menacé**, un cheval peut ruer ou se cabrer.
Voir page 11

La course anglaise du **Grand National** comporte 30 obstacles.
Voir page 43

L'**âne sauvage d'Afrique** est l'un des mammifères les plus rares au monde.
Voir page 24

Par-ci, par-là

À l'aide ! Un petit poulain a perdu sa mère. Trouve les bonnes réponses et aide-le à retrouver son chemin dans la forêt !

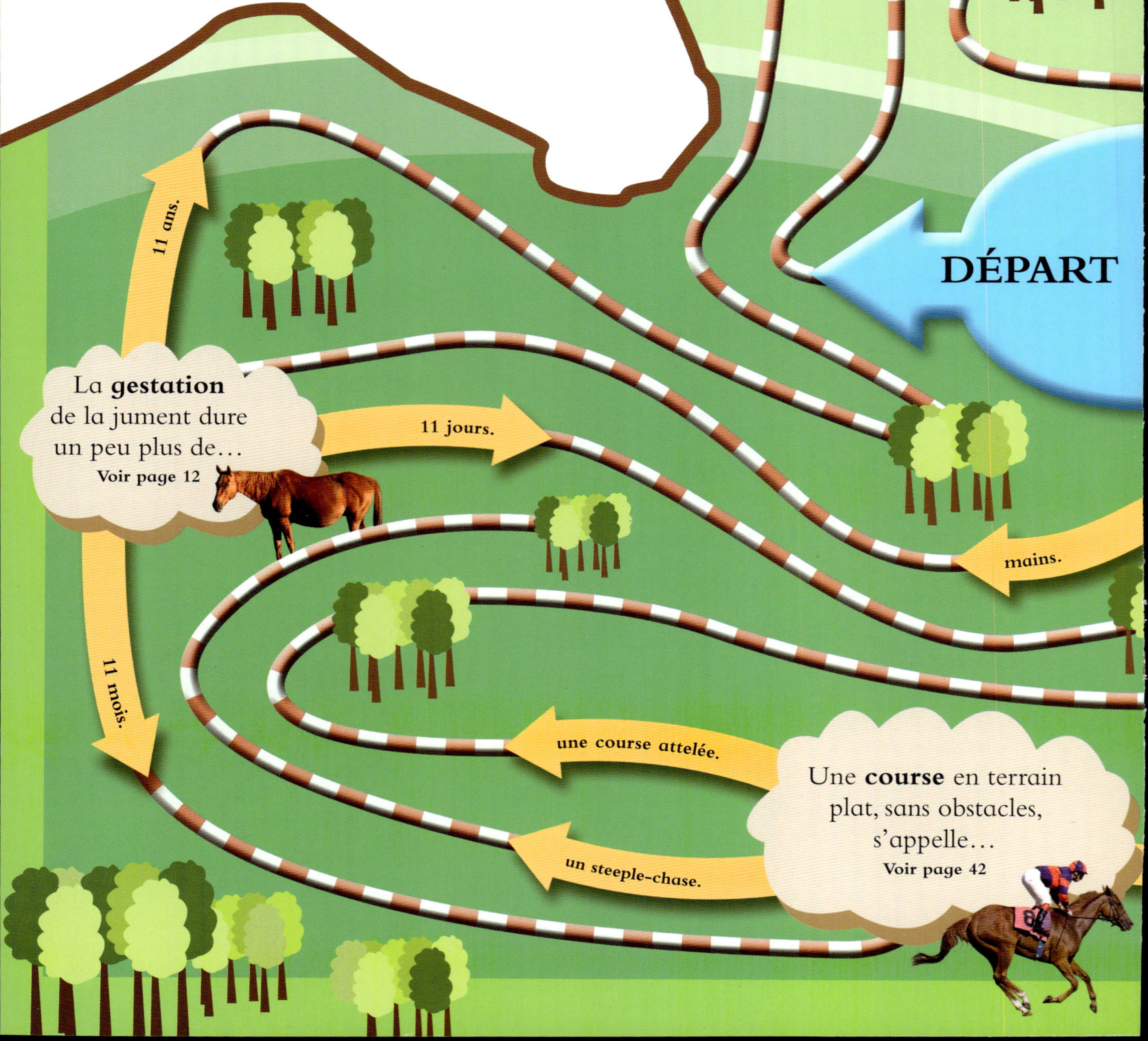

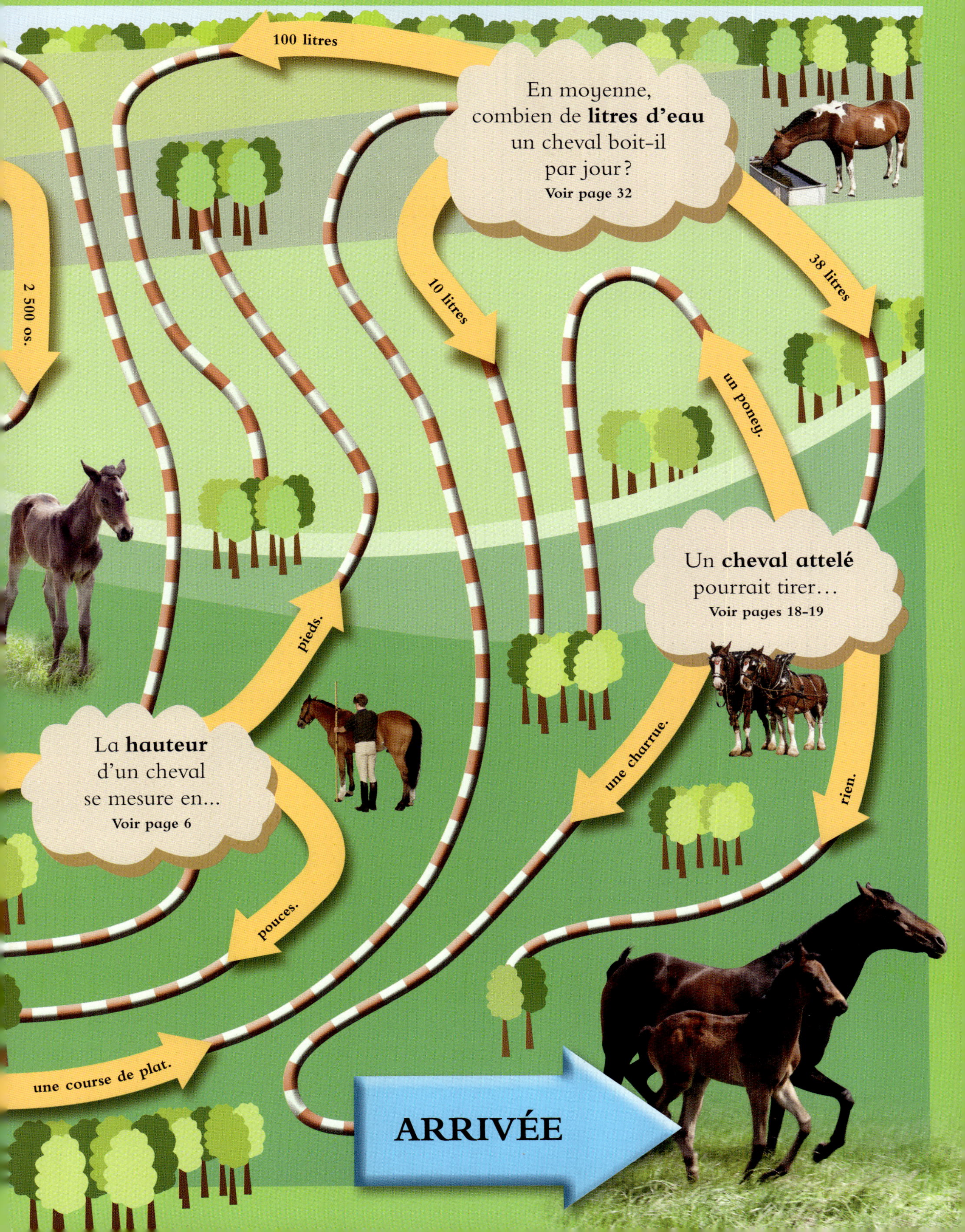

En moyenne, combien de **litres d'eau** un cheval boit-il par jour ?
Voir page 32
100 litres
10 litres
38 litres
2 500 os.
Un **cheval attelé** pourrait tirer…
Voir pages 18-19
un poney.
une charrue.
rien.
La **hauteur** d'un cheval se mesure en…
Voir page 6
pieds.
pouces.
une course de plat.
ARRIVÉE

Zoom sur…

Parviendras-tu
à identifier ces détails ?
Aide-toi des indices
et des pages du livre
où se trouvent
ces photographies.

Ce véhicule est tiré par deux ou quatre chevaux.

On place les bagages sur son toit.

Voir page 19

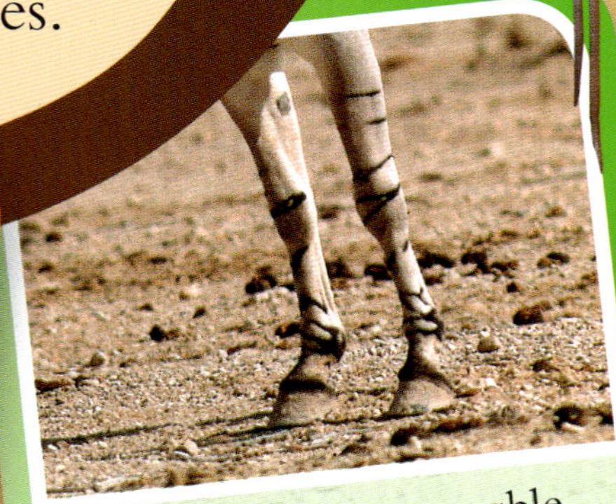

Cet animal est capable de survivre deux à trois jours sans boire.

Il a les pattes rayées, comme le zèbre.

Voir page 24

Les poils blancs sont une marque distinctive.

Cette large bande blanche descend le long du chanfrein.

Voir page 7

Cette armure en métal enveloppe le cheval.

Elle est rembourrée de tissu.

Voir page 16

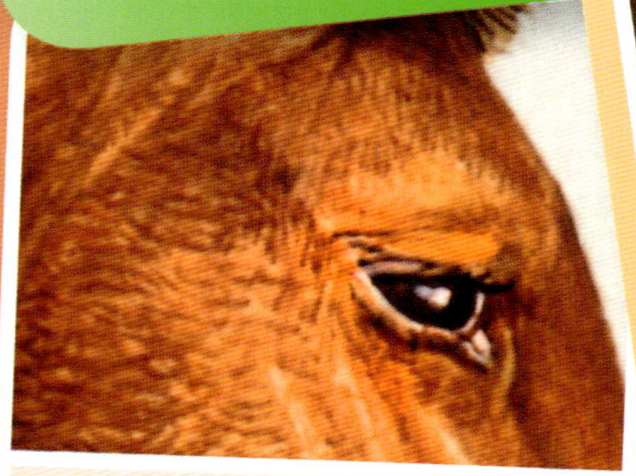

Cet animal a quasiment la taille d'un âne.

Il a vécu il y a dix à cinq millions d'années.

Voir page 23

Des fanons couvrent ses sabots.

Il participe aux fêtes et aux cérémonies.

Voir page 21

Ce cheval vit dans les marécages du sud-est de la France.

On l'appelle « le cheval blanc de la mer ».

Voir page 27

Cet équipement est utilisé dans l'équitation western…

… notamment sur les chevaux qui rassemblent le bétail dans les ranchs.

Voir page 38

Il est originaire d'Angleterre.

Il est le cheval de course le plus rapide au monde.

Voir page 28

Cette œuvre d'art fut découverte dans les années 1930.

C'est une sculpture en ivoire de mammouth.

Voir page 14

Ils permettent de monter facilement sur le cheval.

Ils permettent au cavalier d'être plus stable et de mieux diriger sa monture.

Voir page 15

Glossaire

Voici la définition de certains termes utilisés dans l'ouvrage.

Aides Moyens par lesquels le cavalier communique avec son cheval : jambes, mains, voix ou poids du corps.

Allures Manières dont le cheval se déplace. Le pas, le trot, le galop et le galop de course sont communs à tous les chevaux.

À sang chaud Expression désignant les chevaux légers comme le pur-sang, le barbe ou l'arabe, ou les descendants de ces races.

À sang froid Expression désignant les races de chevaux lourds comme le percheron, le shire ou le jutland.

Assiette Manière d'être assis sur la selle.

Bardot Animal issu du croisement entre un cheval et une ânesse.

Bride Élément du harnais que le cheval porte sur sa tête.

Chanfrein Partie de la tête allant du front aux naseaux. Désigne aussi la pièce de l'armure qui protégeait le front des montures des chevaliers.

Cheval-vapeur Unité de mesure de la puissance d'un moteur.

Conformation Forme du corps d'un cheval ou d'un poney. Une bonne conformation signifie que l'animal est bien proportionné.

Concours complet Compétition comprenant trois épreuves : cross, saut d'obstacles, dressage.

Course de plat Course de chevaux qui se dispute sur un terrain plat, sans obstacles à franchir.

Crinière Poils, ou crins, qui poussent sur l'encolure du cheval.

Demi-sang Désigne un cheval issu du croisement entre une race à sang chaud et une race à sang froid, comme le hanovrien.

Dressage Méthode destinée à développer la capacité d'obéissance d'un cheval par l'acquisition de mouvements de base. Discipline équestre consistant en figures imposées faisant l'objet de compétitions.

Étalon Cheval servant à la reproduction.

Étriers Pièces attachées à la selle, dans lesquelles le cavalier glisse ses pieds pour se maintenir en équilibre.

Féral Qualifie un animal domestique retourné à l'état sauvage.

Flehmen Comportement du cheval consistant à retrousser la lèvre supérieure pour identifier une odeur inhabituelle.

Foal Poulain âgé de moins de un an.

Garrot Partie du corps du cheval située au-dessus des épaules, à la base de l'encolure.

Gymkhanas Jeux équestres opposant des équipes de chevaux et de cavaliers.

Jodhpurs Pantalon d'équitation souple et confortable.

Jument Cheval femelle âgée de quatre ans ou plus.

Main Dans les pays anglo-saxons, unité servant à mesurer la taille d'un cheval du sol au garrot. Elle équivaut à 10 cm.

Maréchal-ferrant Artisan qui ferre les chevaux.

Mors Partie de la bride entrant dans la bouche du cheval.

Mule Animal femelle issu du croisement entre un âne et une jument.

Mulet Animal mâle issu du croisement entre un âne et une jument.

Passage de sangle Partie du ventre située derrière les antérieurs et où passe la sangle.

Points Parties extérieures du corps du cheval servant à définir sa conformation, comme l'encolure, le garrot ou les canons.

Poney Cheval ne dépassant pas 1,50 mètre de hauteur au garrot.

Poulain Jeune cheval âgé de moins de quatre ans.

Pouliche Jeune jument de moins de quatre ans.

Rênes Courroies attachées à la bride servant à guider le cheval.

Rodéo Compétition très prisée en Amérique du Nord, dans laquelle les cow-boys déploient leur savoir-faire comme cavaliers et gardiens de bétail.

Sabot Partie dure du pied du cheval.

Sangle Courroie qui maintient la selle en place.

Selle Pièce du harnais que le cheval porte sur son dos.

Sellerie Ensemble de l'équipement servant à monter un cheval, comme la selle et la bride.

Steeple-chase Course comportant des haies et des fossés à franchir. Si elle se disputait traditionnellement en pleine campagne, elle a lieu aujourd'hui sur un champ de courses.

Toupet Touffe de poils qui pousse sur le front du cheval.

Travail à la longe Méthode de dressage au sol. Le cheval, relié au dresseur par une courroie appelée longe, se déplace en cercle autour de lui.

Zébryde Animal issu du croisement entre une ânesse et un zèbre mâle.

Zorse Animal issu du croisement entre un zèbre mâle et une jument.

Index

Remerciements

Dorling Kindersley remercie : Andy Cooke pour ses illustrations ; Saloni Talwar, Camilla Hallinan, Dawn Henderson, Rukmini Chawla, Lorrie Mack et Fleur Star qui ont relu les épreuves ; Pamela Shiels pour le graphisme.

Crédits photographiques

L'éditeur remercie les personnes suivantes de l'avoir autorisé à reproduire leurs photographies/images : b = bas ; c = centre ; d = droite ; e = extrême ; g = gauche ; h = haut ; p = premier plan

1 naturepl.com : Carol Walker. **2 Corbis :** John Wilkes Studio (hg). **2-3 Photolibrary :** Morales (d). **4-5 Photolibrary :** Best View Stock (arrière-plan) ; Juniors Bildarchiv. **5 Alamy Images :** Juniors Bildarchiv (ecdb) ; tbkmedia.de (cdb). **Dorling Kindersley :** The Natural History Museum, Londres (hd). **7 Photolibrary :** Radius Images (d). **8 Getty Images :** Photonica/Emmerich-Webb. **8-9 Photolibrary :** Juniors Bildarchiv. **9 Alamy Images :** Manfred Grebler (hd) (cd). **10 Photolibrary :** Glyn Thomas (hd). **10-11 Sanjay Austa :** (h/arrière-plan). **Bob Langrish :** (bc). **11 Photolibrary :** Juniors Bildarchiv (hg) (cd). **12 Alamy Images :** Juniors Bildarchiv (cg). **Photolibrary :** Jacque Denzer Parker/ Index Stock Imagery RF (bg). **12-13 Sanjay Austa :** (h/ arrière-plan). **Getty Images :** Stockbyte (bc). **13 Alamy Images :** tbkmedia.de (cdb). **Photolibrary :** Ingram Publishing RF (hg). **14 Corbis :** Dean Conger (cdp) ; Roger Wood (cgb). **Tuebingen University :** Hilde Jensen (cp). **14-15 Corbis :** Brian A. Vikander (bd). **15 Corbis :** Rolf Richardson/ Robert Harding World Imagery (hg). **Dorling Kindersley :** Pegasus Stables, Newmarket (hd). **16 Alamy Images :** David Young-Wolff (bg). **Corbis :** The Art Archive (cp). **17 Photolibrary :** Stephan Goerlich. **18 Corbis :** Patrick Ward/Documentary Value. **18-19 Photolibrary :** Sven Rosenhall/Nordic Photos. **19 Corbis :** Bettmann (cd) ; Walter Bibikow/Encyclopedia (cdb) ; Ed Young/Encyclopedia (hd). **Photolibrary :** (hg). **20 Alamy Images :** SUNNYphotography.com (bg). **Corbis :** Macduff Everton (h). **Getty Images :** Joe Raedle (bd). **21 Photolibrary :** Alberto Campanile (b) ; Colin Monteath (hg). **22 Getty Images :** Digital Vision (cgp) ; Thomas Northcut (c/paysage arrière-plan) ; Ron and Patty Thomas (cg) (cb) ; Erik Von Weber (cd/paysage arrière-plan). **22-23 Sanjay Austa :** (h/arrière-plan). **Getty Images :** Joseph Sohm-Visions of America (c). **23 Getty Images :** Comstock (hd) ; De Agostini (cgb) (cdb) ; Jennifer Thermes (bd) ; Jeremy Walker (cd). **24 Alamy Images :** tbkmedia.de (cg). **Corbis :** Steve Kaufman (bc). **Getty Images :** Art Wolfe (hd). **Photolibrary :** Barbara Von Hoffmann (cgp). **24-25 FLPA :** ImageBroker (cd). **25 Alamy Images :** Mary Evans Picture Library (bd). **26 Corbis :** Bettmann (cg). **26-27 Getty Images :** Eastcott Momatiuk (cg). **27 Corbis :** Chris Hellier (hd). **Getty Images :** The Bridgeman Art Library/Thomas Baines (bg). **28 Photolibrary :** Juniors Bildarchiv (bg) ; David Taylor-Bramley (cgp). **28-29 Corbis :** William Manning (hc). **Photolibrary :** Juniors Bildarchiv (c). **29 Getty Images :** Ariadne Van Zandbergen (cdp). **Photolibrary :** Juniors Bildarchiv (bd). **30 Photolibrary :** Pixland. **31 Alamy Images :** Alexander Frolov (cg). **Photolibrary :** Austrophoto (cp). **32 Alamy Images :** allOver photography (hd) ; foodfolio (c) (cgp) (cdp) ; Lori Schmidt (cgb). **Corbis :** Goodshoot (cdb). **Getty Images :** ZenShui/ Sigrid Olsson (bg). **Photolibrary :** Michael Krabs (cdb/sel). **32-33 Corbis :** David Frazier (arrière-plan). **33 Photolibrary :** Juniors Bildarchiv (bd). **34 Getty Images :** George Shelley Productions (cdb). **Photolibrary :** Michele Wassell (bg). **35 Alamy Images :** blickwinkel /Lenz (cg) ; John Joannides (bd). **Photolibrary :** EA. Janes (hg). **36 Getty Images :** Emmerich-Webb. **38 Photolibrary :** Morales (cow-boy). **39 Animal Photography :** Sally Anne Thompson (cgp). **Dorling Kindersley :** W&H Gidden Ltd (bg). **Photolibrary :** Grant Pritchard (cavalier anglais). **40 Photolibrary :** Mike Hill (cavalier). **41 Animal Photography :** Sally Anne Thompson (c). **Bob Langrish :** (hg). **Photolibrary :** Creatas (b). **42 The Bridgeman Art Library :** Czartoryski Museum, Cracovie, Pologne (hg). **Corbis :** Mark Goldman /Icon SMI (c). **43 Alamy Images :** Tim Graham (cd). **Corbis :** Mark Goldman /Icon SMI (b). **Photolibrary :** Alfred Schauhuber (hg). **44 Photolibrary :** Heinz Kühbauch (b) ; Mattes (hd). **45 Alamy Images :** Convery 6month (hg) ; mattphoto (hd) ; Linda Richards (hc) ; Sunpix Travel (cp). **Corbis :** Shawn Frederick (bg). **Photolibrary :** Bob Trehearne (cdb). **48 Dreamstime.com :** Janecat11 (c) ; Aleksandar Kamasi (hd) ; Jdazuelos (bg). **48-49 Dreamstime.com :** Smellme (bc). **49 Dreamstime.com :** Nigel Baker (hd) ; Olga Rudneva (bd). **50 Alamy Images :** Juniors Bildarchiv (cg). **Dorling Kindersley :** Natural History Museum, Londres (hc). **Fotolia :** Sai Chan / Zoe (bd). **51 Dorling Kindersley :** Gareth Boden / Pearson Education Ltd (cg, bd). **52 Alamy Images :** David Young-Wolff (bg). **Corbis :** Steve Kaufman (c) ; Ed Young / Encyclopedia (cg). **53 Corbis :** Walter Geiersperger (c) ; Ed Young / Encyclopedia (bd) ; Chris Hellier (hc). **Dorling Kindersley :** Pegasus Stables, Newmarket (bg). **Dreamstime.com :** Victoriia Baliura (cg). **54-55 Photolibrary :** TAO Images Limited. **56 Getty Images :** Michael Melford. **58 Dorling Kindersley :** Pegasus Stables, Newmarket (cp/Saddle) ; The Wallace Collection, Londres (cd). **Dreamstime.com :** Jinfeng Zhang (cb). **Getty Images :** Brad Barket (bc) ; Dominique Walterson / Flickr (cp). **59 Dorling Kindersley :** Clydesdale - Blue Print / Mervyn and Pauline Ramage, Mount Farm Clydesdale Horses, Tyne and Wear, RU (hc) ; Vsulov (cb). **Dreamstime.com :** Pimmimemom (cp). **62 Alamy Images :** Juniors Bildarchiv (cdb). **Dorling Kindersley :** Haras national de Compiègne, France (cdp) ; W&H Gidden Ltd (cgb) ; Pegasus Stables, Newmarket (bd). **Dreamstime.com :** Cynoclub (hg) ; Viktoria Makarova (c, cb). Jinfeng Zhang (cgp) ; Sharon Morris (cgb/Arabain stallion). **Fotolia :** Jan Will (cp). **63 Dorling Kindersley :** Gareth Boden / Pearson Education Ltd (cdp) ; The Wallace Collection, Londres (cp). **Dreamstime.com :** Battrick (cgp) ; Smellme (cd/African wild ass) ; Sadık Güleç (cb). **Fotolia :** Sai Chan / Zoe (cgb). **Getty Images :** Alain Jocard / AFP (cd) **Toutes les autres images sont la propriété de Dorling Kindersley.**

Crédits de couverture : Couverture : Dorling Kindersley sauf 1er plat : Margarita Borodina – Fotolia ; Shutterstock © Eric Isselee ; dos : Shutterstock © Conny Sjostrom. 4e de couverture : Lenkadan

Étable

Robe gris pommelé

Clydesdale

Selle western

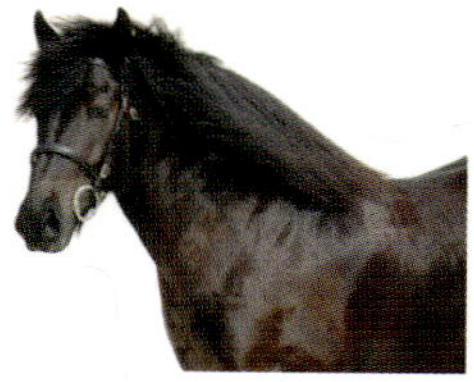

Poney Fell

Poulain

Ruade

Cheval arabe

Hanovrien

Officier de police montée

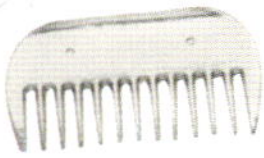

Peigne pour la queue

Peigne pour la crinière

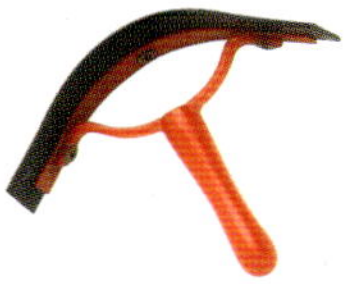

Grattoir

Cheval et son jockey

Course de pur-sang

Statue d'Alexandre et de Bucéphale

Fer à cheval

Joueurs de polo

Pur-sang

Robe Palomino

Poulain

Pas

Trot

Galop

Galop de course

Camarguais

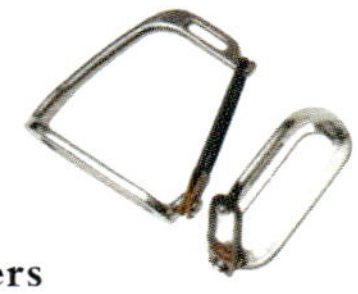

Étriers

Chevalier sur sa monture

Oreilles en arrière

Rosette sur un cheval

Bête de somme

Zèbre

Étalon

Flehmen

Boulonnais

Noriker

Troupeau de chevaux

Fer à cheval

Akhal-Teke

Pure race espagnol

Quarter horse

Course d'obstacles

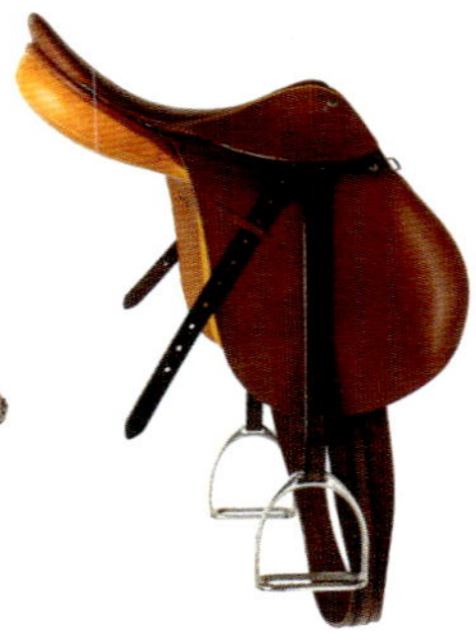

Selle anglaise

Ruade

Morab

Jument et son poulain

Jockey

Jument et son poulain

Robe pie

Cross

Dressage

Robe Palomino

Robe brune

Chevaux de trait

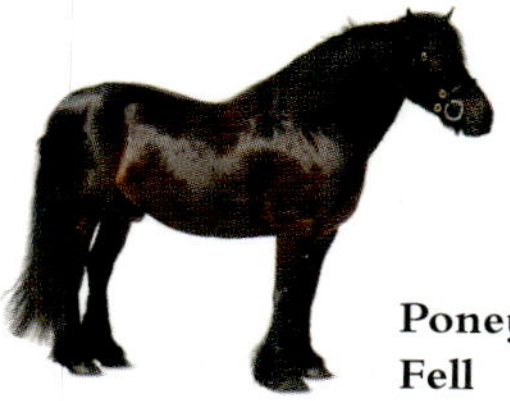

Poney Fell

Pansage

Cheval et poulain

Calèche tirée par un cheval

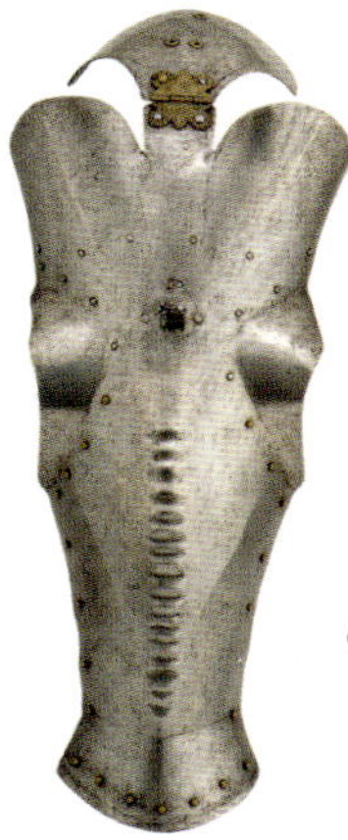

Chanfrein

Percheron

Âne sauvage

Frederiksborg

Cravache et gants

Cheval de Troie

Licol

Casaques de jockeys

Poney Shetland

Cob gallois

Course de plat

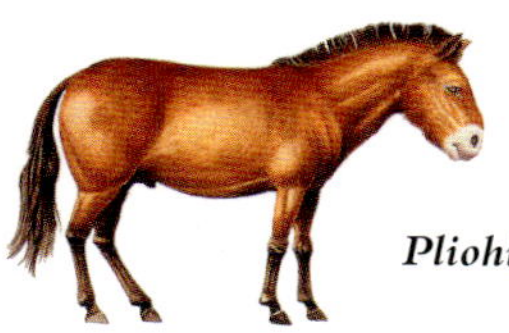

Pliohippus

Galop de course

Robe Appaloosa

Frederiksborg

Robe gris pommelé

Cure-sabot